Lorenzo María de Villarroel

El conde don García de Castilla

Créditos

Título original: El conde don García de Castilla.

© 2024, Red ediciones S.L.

e-mail: info@linkgua.com

Diseño de cubierta: Michel Mallard.

ISBN tapa dura: 978-84-1126-018-3.
ISBN rústica: 978-84-9816-845-7.
ISBN ebook: 978-84-9897-208-5.

Cualquier forma de reproducción, distribución, comunicación pública o transformación de esta obra solo puede ser realizada con la autorización de sus titulares, salvo excepción prevista por la ley. Diríjase a CEDRO (Centro Español de Derechos Reprográficos, www.cedro.org) si necesita fotocopiar, escanear o hacer copias digitales de algún fragmento de esta obra.

Sumario

Créditos _____ **4**

Brevísima presentación _____ **7**

Personajes _____ **8**

El conde don García de Castilla _____ **9**

Argumento _____ **11**

Acto I _____ **13**
   Escena I _____ 13
   Escena II _____ 17
   Escena III _____ 18
   Escena IV _____ 19
   Escena V _____ 21

Acto II _____ **25**
   Escena I _____ 25
   Escena II _____ 27
   Escena III _____ 29
   Escena IV _____ 30
   Escena V _____ 32
   Escena VI _____ 37

Acto III _____ **39**
   Escena I _____ 39
   Escena II _____ 44
   Escena III _____ 47
   Escena IV _____ 50

Acto IV _____ **53**
   Escena I _____ 53

Escena II	55
Escena III	58
Escena IV	59
Escena V	61
Escena VI	62
Escena VII	62
Escena VIII	62

Acto V — 65
Escena I	65
Escena II	68
Escena III	69
Escena IV	74

Libros a la carta — 77

Brevísima presentación

El conde don García de Castilla es una tragedia ambientada en el reinado de Bermudo III cuyo gobierno estuvo marcado por un suceso acaecido en su capital, León.
En 1029, el conde castellano García Sánchez acudió a la ciudad de León para casarse con Sancha, la hermana de Bermudo III. Una vez allí, fue asesinado por integrantes de la familia Vela, en venganza de una afrenta. Bermudo invadió entonces Castilla para tratar de hacer valer sus derechos, obtenidos por su matrimonio con Munia, hermana del fallecido, y conquistó las tierras comprendidas entre los ríos Cea y Pisuerga.

Personajes

Sancha, infanta de león
Guiomar, su confidenta
Bermudo III de León, hermano de Sancha
El conde don García, su amante
Íñigo, y Rodrigo vela
Fernán Gutierre, amante de Guiomar
Nuño, confidente del conde don García
Comparsa de Soldados, y personas que representen Fidalgos Castellanos y Leoneses

El conde don García de Castilla
A la excelentísima señora doña Mariana de Silva, Meneses, Bazán Aragón, Sarmiento, Dávila, López de Zuñiga, duquesa Arcos, y Maqueda, &c. &c. &c.

Excelentísima señora
En aquellos tiempos que muchos sabios de este ilustrado siglo llaman de la ignorancia y la barbarie, apenas había Dedicatoria en donde no se viese plantado un robusto Árbol Genealógico, cuyas ramas se extendían desde el tronco del primer progenitor, hasta el personaje ilustre a quien se dedicaba la Obra. Yo, sin contravenir a las justas leyes que nos impone la autoridad de los críticos de primer orden, me hallo en la feliz ocasión de resucitar la costumbre antigua; porque con decir, que es V. E. hija legítima de los excelentísimos Señores Marqueses de Santa Cruz del Viso, y legítima mujer del excelentísimo Señor Duque de Arcos, vengo a decirlo todo, sin tener que envidiar, fuera de las Sagradas, y Reales, a cuantas Dedicatorias se han hecho desde la invención de la imprenta.
Para poner a L. P. de V. E. esta composición Dramática, fruto de mis ratos ociosos, tengo solo un motivo, pero importante, y noble, y es el honor de que se vea a su frente el excelentísimo nombre de la Duquesa de Arcos, en un asunto tan alto, que interesa toda la Nación.
Ciertamente, que cuando traigo a la memoria alguna de las muchas mujeres, que se ven colocadas en la clase de Heroínas, me parece que diviso en V. E. una copia puntual, y mejorada de todas ellas.
Si no temiera excitar en V. E. aquel afecto, que saca los colores a el semblante, diría que era V. E. devota sin hipocresía, sabia sin presunción, erudita sin pedantería, liberal sin ostentación, rica sin ambición, seria sin aspereza, modesta sin melindre, justa sin severidad, pronta sin orgullo, humilde sin bajeza, y puntuosa sin vanidad.
Sí, Señora, ésta es una verdad, que todos saben, y lo es también, que a pesar de su opulencia tiene V. E. dos acreedores a quien no puede pagar: estos son la gracia, y la naturaleza: la primera ha prestado a V. E. el caudal de una admirable penetración, y talento: la segunda un tesoro de perfecciones, que separadas, harían a muchas agradables a la vista. ¿Qué hará en V. E. la colección de todas juntas?

Lo mucho que V. E. vale se debe medir por el particularísimo aprecio, que han sabido hacer de sus prendas, y sobresalientes circunstancias, muchos de los primeros hombres de la Monarquía.

Pero voy a dejar la pluma sin embargo que tenía muchísimo que decir sobre ser V. E. el agradable objeto de la atención, y respeto de cuantos tenemos el honor de conocerla; porque sé muy bien que sola esta especie de verdades ofende los delicados oídos de V. E. Con todo eso sería delincuente mi silencio, si callase, que el mérito, virtud, y talento de V. E. han personificado en el excelentísimo Señor Duque de Arcos la antonomasia de la felicidad humana.

    Éste es un rasgo de las perfecciones
    que rodean de tu alma la grandeza;
    aquí se paran las admiraciones,
    y el empeño a ser más empeño empieza:
    busca ansioso el pincel comparaciones,
    y halla pocas que igualen tu belleza;
    quiere en la copia acreditar su fama,
    y en su socorro a el Prototipo llama.

Yo dirijo mis votos a la Divina Providencia, para que dilate la vida de V. E. muchos años.
Madrid, Agosto 10 de 1778.

    Eexcelentísima señora
    B. L. P. de V. E.
    su atento rendido servidor

    El Marqués de Palacios.

Argumento

El conde don Vela, abuelo de Rodrigo, Íñigo, y Diego (de quienes se hablará después), o por ambición, o por la ferocidad de su genio, tuvo varias desavenencias con Garci-Fernández, segundo conde Soberano de Castilla. Llegó la cosa a términos, que fue preciso contener su orgullo, mandando se le arrestase: tuvo noticia de esta providencia: pasa a Córdoba, y ganando la voluntad del rey Moro, consiguió entrase con sus Tropas en los Estados del conde: sale éste a su oposición: diose la Batalla, y quedaron los Agarenos bien escarmentados, sin embargo de que animados del conde Vela, pelearon con desesperación: volvió éste con las reliquias del ejército a Córdoba, donde murió.

Muere también en Castilla Garci-Fernández, y le sucede su hijo Sancho, que casó con doña Urraca, de quien tuvo a doña Nuña, doña Teresa, y don García, que sucedió a su padre a los ocho años de edad, y quedó a la tutela del conde don Rodrigo Vela, que había sido su padrino de Pila.

Parece que poco satisfechos los Castellanos de su gobierno, dispusieron separarle del lado del joven don García; con este motivo pasa don Vela con sus hermanos al servicio de Bermudo III, rey de León; halló en éste más acogimiento del que podía esperar, y abusando de esta confianza para cometer una de las mayores maldades, que nos presenta la Historia, trató simuladamente el casamiento de don García con doña Sancha, infanta de León, hermana de Bermudo, y su única presuntiva heredera, por haber faltado sin sucesión su mujer doña Teresa de Castilla. Concluidos los tratados a devoción, y placer de don Vela, se dio aviso al conde don García, joven de catorce años. Pasa éste a León en compañía de su cuñado Sancho IV de Navarra, y en el camino ganan a los Moros la Batalla de Monzón, pueblo situado entre Valladolid, y Palencia. Por motivos que se ignoran, no pasó el rey don Sancho de la Villa de Sahagún, distante de León como dos jornadas.

Entra en esta Corte con una comitiva numerosa, y lucida de Castellanos, y Navarros el conde don García, a quien en el mismo día de sus bodas mataron alevosamente los nietos del conde don Vela, olvidándose de los beneficios, que había recibido el conde don Sancho, padre de don García, restituyendolos todos los Estados, empleos, y dignidades, que había confiscado a su abuelo el conde Garci-Fernández. No pudieron los traidores ser aprendidos, porque las meditadas, si bien detestables disposiciones, que habían tomado en su inicuo

proyecto, les facilitaron la fuga a Monzón, donde se hallaba el conde Fernán Gutierre, que se había sublevado en la menor edad del conde don García. Permanecieron allí los Velas, hasta que fueron aprendidos, o, como dicen otros, entregados por el mismo Fernán Gutierre.
Los amores de Guiomar trajeron al servicio del rey de León a Fernán Gutierre, a quien como noble abandonó en sus inicuas ideas, y maquinaciones.
Esta digresión está enlazada con la historia, siendo la muerte del desgraciado conde don García todo el asunto de la Tragedia.

El Teatro es el Palacio de León

¿Quis cladem illius noctis; quis funera fando explicet?
Virg. Eneid. lib. 2. v. 361. & 362. Eneid. lib. I. v. 154:
Furor arma ministrat.

Acto I

Escena I

Sancha y Guiomar.

Guiomar Ya, señora, calmaron las desgracias:
los estragos, y males que otro tiempo
fulminó con horror Marte iracundo,
cesaron de una vez; los Agarenos,
que dominaban la Nación, han sido 5
muchas veces vencidos de los nuestros.
El coraje Español ha sujetado
su orgullo, y su poder; y los guerreros
famosos Capitanes castigaron
con la espada su loco atrevimiento 10
Entre todos el conde don García
abriéndose camino por los riesgos,
a costa de su sangre derramada
ha ofrecido a León un día lleno
de gloria, y de placer: ya respiramos. 15
El infeliz, el triste jornalero,
que no podía cultivar los campos
sin exponer su vida, cobra aliento
El labrador, que tímido esparcía
El grano por la tierra sin provecho, 20
ve colmadas las mieses, y recoge
los frutos, que le da benigno el Cielo.
Las madres, que escondían las doncellas
en los ocultos retirados senos
a el bárbaro furor, vuelven alegres 25
con sus hijas amadas: ya tenemos
seguras las haciendas; solo se oyen
vivas, y aclamaciones en los Pueblos.

Los vandos, y partidos que alteraron
entre los Ricos Homes todo el Reino, 30
los terminó una paz establecida
en los pactos solemnes juramentos
de honor, y de amistad; tu mano ha sido
garante del Tratado: los conciertos
de buena fe firmados, desvanecen 35
tus sustos, y temores: no hay objeto
que no sea agradable: con tu Esposo
los hijos de don Vela.

Sancha   Me estremezco
cuando llega a mi oído el nombre odioso
de esos traidores; yo, Guiomar, no puedo, 40
por más que lo pretendo, persuadirme
a que estos fementidos hayan hecho
las amistades firmes, y sencillas:
en lo más retirado de sus pechos
ocultan el rencor, y disimulan, 45
hasta que llegue el caso que a el violento
impulso de su colera, vomiten
víboras implacables el veneno,
que anidan en sus viles corazones:
no hay Ciudadano, noble, ni plebeyo, 50
que no grite a una voz contra el orgullo
osadía, y furor de unos perversos,
para quienes las Leyes quebrantadas
ninguna culpa, ni delito es nuevo.
A los mismos horrores del sepulcro 55
conducen su venganza. ¿No son estos
los hijos de aquel bárbaro inhumano,
que abandonando todos los derechos
de amistad, religión, y patriotismo,
sin perdonar las vidas de sus deudos, 60

              tiñó de sangre toda la campaña
              que Adaja fertiliza, y baña Duero?
              Esos bárbaros mismos en Castilla,
              a sus obligaciones poco atentos,
              ¿no suscitaron nuevos alborotos;   65
              y faltando a la fe, que prometieron,
              ¿no rompieron las paces, y dejaron
              a don Sancho muy poco satisfecho
              de su fidelidad? ¿Pues qué esperanza,
              ni qué seguridad tener podemos   70
              de unos monstruos, que solo a las crueldades,
              a el furor, y a la ira están dispuestos?
              Bermudo se confía demasiado.
              de sus servicios, y de sus consejos.
              Yo quisiera avisarle, y persuadirle
              lo que me escriben de Castilla; pero   75
              acaso su valor, y su osadía
              mirará mis avisos con desprecio.
              En esta situación, y circunstancias,
              ¿qué partido, qué arbitrio, de qué medios
              me pudiera valer, para que el conde,   80
              y mi hermano pudieran con secreto
              examinar las trazas, las ideas
              de esos perjuros?

Guiomar   Yo, Señora, pienso
              que son vanos temores los que afligen
              tu triste corazón: con todo eso   85
              exige la prudencia, que a la suerte
              no se abandone todo; y pues advierto
              que el rey tu hermano te ama, y que contigo
              divide la Corona, parte el Cetro
              consultando a tu ingenio los negocios,   90
              y los asuntos de mayor empeño;

	le puedes informar de tus sospechas,	
	de tus desconfianzas, y recelos,	
	acordando primero con el conde	
	el modo, y la ocasión: y al mismo tiempo	95
	con espías de toda confianza	
	los pasos observar, los movimientos	
	de los Velas, y viendo que confrontan	
	las noticias que dan de sus proyectos,	
	con tus temores, no será difícil,	100
	a tantos daños aplicar remedios;	
	y en caso que no alcancen, sus cabezas	
	podrán asegurarte.	
Sancha	No me atrevo	
	a tratar con el rey, ni con el conde,	
	sobre la causa de mis sentimientos:	105
	son solo conjeturas, no evidencias	
	las que me hacen temer: y no pretendo	
	declararme, hasta tanto que examine,	
	qué motivo han tenido: con qué intento	
	han escrito los Velas a Castilla,	110
	a fin que sus parciales, y sus deudos	
	a marchas, lentas y a la desfilada	
	se acerquen a la raya de este Reino.	
	¿Por qué Fernán Gutierre está de oculto,	
	y no se ha presentado? ¿Por qué ellos	115
	le alojan en su casa, y le confían	
	sus intenciones, y sus pensamientos?	
	Por otra parte (atiende mi discurso)	
	bien puede ser que sea todo esto	
	impostura, y calumnia de los mismos	120
	que me dan los avisos: y si es cierto	
	que inocentes están de los delitos,	
	de que ahora los indician como reos	

	de lesa Majestad; y yo a mi hermano,	
	y a el conde don García inspiro nuevos	125
	motivos de discordia, seré causa	
	de perturbar las paces que se han hecho,	
	tan conformes a el bien de los Estados,	
	de mi felicidad, y mis deseos.	
	No sé qué resolver.	
Guiomar	Tu hermano viene.	130

Escena II

Bermudo, Sancha, y Guiomar

Bermudo	Querida Sancha, ya llegó el momento	
	de mi tan suspirado: don García	
	acaba de decirme, que dispuesto,	
	por lo que a él corresponde está ya todo,	
	que en el día (si tú vienes en ello)	135
	se harán los desposorios, con la pompa,	
	el fausto, el aparato, y lucimiento	
	debido a su persona, y a la mía:	
	espera tu permiso. Yo bien creo,	
	que no puedes tener inconveniente	140
	en concederle; sin embargo dejo	
	la respuesta a tu arbitrio. ¿Te suspendes?	
	¿Enmudeces ahora?	
Sancha	Yo no tengo	
	voluntad, ni elección	
	y tus ordenes Reales obedezco,	145
	aun más que como a hermano, como a Padre	
	sabes que te amo, y por lo mismo quiero	
	acreditarlo con demostraciones,	

	mejor que con palabras.	
Bermudo	Satisfecho estoy de tu lealtad, de tu obediencia, dispón de mis Estados, y Corona, si quieres agradarme	150
Sancha	No apetezco mas Corona, ni Estados, que servirte como vasalla: mas, Señor, aprecio tus bondades, amor, y confianza, que Majestad, Poder, Corona, y Cetro.	155

Escena III

Rodrigo, Íñigo, Fernán, Bermudo, Sancha, y Guiomar

Rodrigo Vela	A vuestras Reales plantas se presenta Fernán Gutierre, noble Caballero de Castilla la Vieja, que ha venido a hospedarse en mi casa.	
Bermudo	Alzad del suelo.	160
Fernán Gutierre	El motivo, Señor, que me conduce de Burgos a León, es el deseo de alistarme en tus Tropas; si consigo este honor, desempeñarle ofrezco con mi sangre, y mi espada.	
Bermudo	No lo dudo. Fernán Gutierre, elegid el Tercio que más os acomode.	165

Fernán Gutierre	A vuestras plantas	
	por tan grande merced otra vez llego.	
Sancha	Permitidme, Señor, que me retire	
	hasta que me llaméis.	
Bermudo	Guardete el Cielo.	170

Escena IV

Bermudo, Rodrigo, Íñigo, Fernán

Rodrigo Vela	Si acaso es concedido a los vasallos	
	de mi honor, de mi fama, y mi respeto,	
	para representar sus justas quejas	
	llegar postrados hasta el Trono Regio,	
	quisiera que atendieses las razones,	175
	las causas, y motivos con que vengo	
	a tu presencia Real: Ninguno ignora,	
	que cuando más pujante el Agareno	
	batía los ejércitos Leoneses,	
	sin poder resistir a sus esfuerzos;	180
	mis hermanos, y yo, con los auxilios,	
	que de nuestros Estados nos vinieron;	
	ayudados de amigos, y parciales,	
	uniéndose los míos con los vuestros,	
	del Moro escarmentamos la osadía.	185
	No ha habido acción, batalla choque, encuentro,	
	en que nuestras espadas no hayan dado	
	de honor, y de valor vivos ejemplos:	
	no negaré, que vos reconocido	
	A los buenos servicios, que hemos hecho,	190
	supisteis compensar con beneficios,	
	con honores, mercedes, y con premios,	

las acciones heroicas, que a tu vista
la aclamación de todos merecieron:
No me quejo de ti: me quejo solo 195
del oprobio, el desaire, el menosprecio
con que la infanta mira a mis hermanos,
y a mí también, Señor. ¿En qué la ofendo?
¿Es delito el haber facilitado,
a costa de peligros, y de riesgos, 200
que a los Leones se uniesen os Castillos
para doblar las fuerzas de los Reinos,
y quitar de una vez las esperanzas
que había concebido el Sarraceno
de conquistar a León, favorecido 205
de las discordias, que por tanto tiempo
destruían las fuerzas del Estado,
todo en perjuicio, todo en daño nuestro?
¿Fue culpa disponer, que don García
pretendiese a tu hermana para dueño 210
de su mano, y Corona: los tratados
concluidos? ¿No es hoy el casamiento,
que mira la Nación como principio
de sus felicidades? Pues si es cierto
que todas las ventajas que resultan 215
en su favor, y el tuyo, son efectos
del valor de mi brazo, de mi espada,
de mis lealtades, y de mi consejo;
¿cómo podré dejar de suplicarte,
que a la infanta prevengas el aprecio, 220
que debe hacer a mí, de mis servicios,
de mis hermanos, y parciales? Esto
lo haréis por mí, Señor: mas advertido,
que si olvidando el justo sentimiento,
con que llego a tus pies, a tanto daño 225
no halla tu Majestad pronto remedio

	permiso me daréis de retirarme	
	a mis Estados; porque considero	
	que éste es el modo de agradar la infanta.	
Bermudo	Habláis en un lenguaje que no entiendo	230
	¿dónde están los agravios, las ofensas,	
	desaires, y oprobios que os ha hecho	
	mi hermana doña Sancha? ¿cómo puede	
	tu osadía tu loco atrevimiento	
	imaginar que agravia el Soberano	235
	a los vasallos, ni que deben ellos	
	pedir satisfacción, aun cuando fueran	
	(como ahora no lo son) agravios ciertos?	
	La infanta, no hace más de lo que debe:	
	atenta a mi servicio, y mi respeto,	240
	no es capaz de ofrecer a mi justicia	
	culpas que castigar: si poco cuerdo	
	de otro modo pensáis, a vuestro orgullo,	
	y vuestra presunción ponedla freno;	
	y advertid, que si ahora he consultado	245
	a mi prudencia, y a mi sufrimiento,	
	consultaré otra vez a la suprema	
	autoridad y poder: estad en esto,	
	y no volváis a darme otro motivo,	
	para que me disguste; previniendo,	250
	que los reyes se acuerdan que son reyes	
	cuando se ve ofendido su respeto.	

Escena V

Rodrigo, Íñigo y Fernán.

Rodrigo Vela	Ya escuchasteis del rey las prevenciones,
	ya oísteis, que irritado, que severo

	nos amenaza; veis que nuestras vidas	255
	la fama, y el honor comprometemos	
	a su arbitrio, y poder: que don García,	
	casado con la infanta, es un objeto	
	que se debe temer más que a Bermudo;	
	pues entregado todo a el halagüeño	260
	dulce atractivo de su esposa, solo	
	atenderá a sus lágrimas, y ruegos;	
	le dirá que no tenga confianza,	
	de mi fidelidad, que aparte luego	
	de su lado, y servicios cuantos somos	265
	el blanco de sus iras, y su ceño:	
	y si aún no satisface su venganza	
	con esta providencia: ¡qué sabemos	
	si derramar pretende nuestra sangre	
	por saciar su furor! Yo estoy resulto	270
	a aventurarlo todo, por vengarme,	
	y por no estar pendiente de un suceso,	
	que decide mi suerte en este día,	
	sin recurso, ni arbitrio.	
Íñigo Vela	Está bien: pero	
	haber hablado a el rey contra la infanta,	275
	parece que no ha sido buen acuerdo,	
	ni puede convenir a tus ideas.	
Rodrigo Vela	Conviene demasiado, y en sabiendo	
	mis intenciones, hallarás la causa,	
	que me pudo mover: son mis intentos	280
	hacer de mi facción, y mi partido	
	muchos, que de la infanta mal contentos	
	esperan declararse, siempre que haya	
	ocasión oportuna: además de esto,	
	para el retiro, que he fingido ahora	285

          necesitaba dar algún pretexto.
          Fue también necesario, que mis quejas
          representase a el rey; para que al tiempo
          que ejecute la acción, que a mi venganza,
          sañudo, y despechado, dar pretendo,   290
          se dé algún colorido a la osadía
          de haberme por mí mismo satisfecho.
          No tengas que culpar la extravagancia,
          que en esta variedad de pensamientos
          no es mucho que no me hayas entendido,   295
          cuando yo muchas veces no me entiendo.
          ¿Y qué harás cuando sepas...?

Íñigo Vela   No prosigas,
          que la infanta, y Guiomar, si bien advierto
          vienen por el jardín hacia esta parte.

Rodrigo Vela   Conviene retirarnos, porque quiero   300
          que juntos no nos vean: tú, Gutierre,
          acompaña a mi hermano, que yo luego
          a los dos buscaré: ¡Ea, fortuna!
          con tu poder ayuda a mis intentos.
          Y pues te imploro para las venganzas,   305
          y ser agradecido te prometo,
          tú has de echar en favor de mis ofensas,
          para satisfacerlas, todo el resto.

Acto II

Escena I

Sancha y Guiomar.

Sancha	Prosigue, que me importa examinarlo.	
Guiomar	Fernán Gutierre, desde que en Castilla	
	frecuentaba la casa de mis padres,	
	por la amistad estrecha que tenía	
	con mi hermano mayor, guarda conmigo	5
	una correspondencia, que acredita	
	su modo de pensar, y su conducta:	
	es un hombre de honor, y el que te diga	
	lo contrario, Señora, no conoce	
	sus prendas, y virtud.	
Sancha	A mí me avisan,	10
	que viva con cuidado, que Gutierre	
	es parcial de los Velas; que no mira	
	otras obligaciones, ni respetos,	
	que complacerles, y exponer su vida	
	a todo riesgo, y toda contingencia.	15
	Con esta prevención, y esta noticia	
	será temeridad, será imprudencia	
	no estar en todo trance prevenida.	
	Importa que observemos vigilantes	
	sus pasos, sus acciones, sus medidas;	20
	y si fuera posible, adivinarle	
	los pensamientos y pues tú advertida,	
	con la ocasión que ofrecen los obsequios,	
	que como tierno amante te dedica,	
	puedes examinar sus intenciones;	25

                a ti me entrego toda: solicita,
                saber con qué motivo estos traidores
                le han llamado a León; qué nueva liga,
                qué tratados han hecho, qué resuelven.

Guiomar   Del conde don Rodrigo, cuya altiva   30
                condición implacable, ha sido siempre
                de amigos, y contrarios tan temida,
                bien puedes recelar, esperar debes
                las mayores maldades, y perfidias:
                de sus hermanos, y de sus parciales,   35
                y aun de mí (si quisieres) desconfía;
                pero no de Gutierre, cuya fama,
                cuyo honor, y nobleza, ni aun la envidia
                se atrevió a oscurecer; sé que me ama:
                no ignora que me tratas como amiga,   40
                y no como vasalla; que en tu lado
                tengo el mejor lugar; que don García
                hoy ha de ser tu esposo; que ha venido
                a servir en tu ejército; que aspira
                a tu gracia, y mi mano: lo sé todo,   45
                y que no dará paso que desdiga
                a su reputación, y mi decoro.
                Pero si acaso (no será) se olvida
                de sus obligaciones, y nobleza,
                auxiliando a los condes en la indigna   50
                detestable facción, que tus temores,
                no sin causa bastante, pronostican;
                yo entonces animada de mi enojo
                consultando al despecho, y a la ira,
                en lugar de entregarle con mi mano   55
                mi corazón, que es suyo; vengativa
                seré quien de su pecho se le arranque
                porque no se mormure, ni se diga,

| | que Gutierre, y Guiomar fueron traidores | |
| | y sabrán los Leoneses... | |

Sancha	¡Ay amiga!	60
	¡Cuántos consuelos, cuántas esperanzas	
	debo a tus reflexiones! Tú me inspiras	
	afectos de valor; y con la tuya	
	me das seguridades; yo temía	
	de la amistad de Vela con Gutierre	65
	consecuencias terribles: convencida	
	me deja tu razón. ¡Ah, si pudieras	
	de los Velas, Guiomar, darme las mismas!	
	No seré tan feliz. ¿Pero quién llega?	

Escena II

Don García, Sancha, y Guiomar.

Don García	Quien a tus pies rendido sacrifica	70
	Cetro, Corona, Estados, poderío,	
	libertad, corazón, el alma, y vida.	
	Con permiso del rey tu hermano vengo	
	a decirte, bien mío, que este día	
	completa todas mis felicidades.	75
	No hay Fidalgo en León, que no esté aguisa	
	de celebrar con públicos festejos	
	los motivos alegres de mis dichas.	
	Ya todos mis amigos, mis parciales,	
	mis deudos, y vasallos solemnizan	80
	con general aplauso el nudo estrecho,	
	que va a unir para siempre nuestras vidas.	
	Todo es júbilo, gozo, y regocijo;	
	y el Pueblo espera ansioso, que a su vista	
	se celebren las bodas: solo falta	85

	que tú vengas en ello, y que permitas	
	estas demostraciones de quien te ama,	
	más que a sí mismo.	
Sancha	Aunque agradecida	
	estoy a tus finezas; y aunque es cierto,	
	que tu amor, y tu fe no desperdicias	90
	cuando por paga de mi afecto noble	
	a complacerme solo te dedicas,	
	estos asuntos deberás tratarlos	
	con el rey solamente, don García.	
	Mi hermano, a quien venero como a padre,	95
	es de mi voluntad la regla fija,	
	sus órdenes de mí serán, y han sido	
	gustosa, y ciegamente obedecidas:	
	esto es todo lo que decir te debo,	
	en lo demás, dispón, y determina	100
	lo que más acomode a tu deseo,	
	a tus obligaciones, y a las mías;	
	y permite que ahora me retire	
	a responder las cartas de Castilla,	
	que a los dos nos importan los asuntos	105
	que se tratan en ellas.	
Don García	De mi vida,	
	y de mis confianzas eres dueño;	
	en tu mano está todo; no me digas	
	lo que has de responder: todo lo apruebo.	
Sancha	No te arrepentirás; porque algún día	110
	te dirán los sucesos.	
Don García	¿Qué? bien mío.	

Sancha	No me puedo explicar. A Dios.

Escena III

Nuño y Don García.

Don García	¿Qué iría a decirme la infanta? Pero Nuño apresurado viene.	
Nuño	Don García: acaban de decirme, que Rodrigo esta tarde dispone su partida, y que sus dos hermanos le acompañan; pero se ignora dónde se encaminan. Novedad es, Señor, que no merece despreciarse, si es cierta la noticia.	115 120
Don García	¡El conde don Rodrigo! ¡Sus hermanos pretenden ausentarse en este día, que más los necesito! Pues ¿no saben que hoy me desposo con la peregrina beldad de doña Sancha? ¿Don Rodrigo, que del bautismo en la sagrada pila me sostuvo en sus brazos, y que ahora mi amor para padrino le destina de mis alegres bodas; sin aviso, sin prevención, ni causa, se retira? Éste es asunto grave; y por lo mismo mi valor apurarle necesita. Pero por más que uniendo antecedentes, quisiera dar lugar a la malicia para pensar que Vela, atropellando las leyes del honor, correspondía	 125 130 135

	a mis bondades con ingratitudes;	
	no puedo persuadirme a tan indigna	
	indecorosa acción. Con todo, Nuño,	
	no te detengas, ve, parte, examina	140
	si el conde don Rodrigo, y sus hermanos	
	han dispuesto la marcha; y si averiguas	
	que es así, les harás saber, que tienes,	
	para que la suspendan, orden mía;	
	y de lo que resulte de este paso,	145
	a informarme vendrás.	

Nuño   De mí te fía,
que yo haré que los condes se detengan,
o que abran el camino por mi vida...
Pero los dos con don Fernán Gutierre
se acercan a nosotros.

Don García   No prosigas,   150
y esperemos a ver sus intenciones.

Escena IV

Rodrigo, Íñigo, Gutierre, don García, y Nuño.

Rodrigo   Con el aviso de que en este día
se celebran tus bodas, he venido
a darte el parabién. Nadie te mira
con más amor que yo, con más respeto.   155
Desde tu tierna infancia, y tu puericia
has estado a mi lado: como a hijo
sabes que te traté; y aunque la envidia
intentó separarme de tus brazos,
pudo más mi lealtad, que su perfidia: 160
siendo esto así, dispón de mi persona;

ninguno hay en el Reino que te sirva
mejor que yo, Señor.

Don García   Dudar no puedo
de tu amor, y lealtad; sé las fatigas,
los cuidados, los riesgos que has vencido   165
para aquietar los vandos de Castilla;
y que me afianzaste la Corona,
que hasta entonces segura no tenía.
Estos motivos, bien recomendables
al supremo poder, que deposita   170
la Nación en mis manos, son la causa
de la particular, y distinguida
estimación, y aprecio con que atiendo
a tu persona; tanto, que aunque había
llegado a mis oídos (no pretendas   175
examinar de dónde) la noticia
de que tú, y tus hermanos la jornada,
sin saber a qué parte, disponíais
en esta misma tarde; satisfecho
de tu honor, y nobleza, no creía   180
que pudiera ser cierto; mayormente
en ocasión que fuera tan mal vista
tu ausencia no esperada. Y porque veas
que mi bondad con obras acredita
todo cuanto promete; voy a darte   185
la prueba más constante, y más sencilla
de mi amistad, y afecto: yo quisiera
que tú fueses (no dudo que lo admitas)
padrino de mis bodas, pues lo fuiste
cuando me cristianaron.

Rodrigo   Dicha es mía   190
merecer un honor tan distinguido.

	Mis amigos, mis deudos, ser, y vida,	
	cuanto soy, cuanto tengo, cuanto valgo,	
	mi obediencia en tu obsequio sacrifica.	

Don García	Estoy de esta verdad bien persuadido,	195
	y a tu mérito hiciera una injusticia	
	en pensar lo contrario. Vamos, Nuño;	
	y vosotros en tanto que me avisan	
	que todo está dispuesto, haced que venga	
	(con la magnificencia que es debida)	200
	de todos los Fidalgos Castellanos	
	la numerosa noble comitiva	
	que asiste a mi Persona.	

| Los tres | Así lo haremos. | |

Escena V

Rodrigo, Íñigo, y Fernán Gutierre.

Íñigo Vela	¿Qué es esto, hermano? Cuando presumía,	205
	que entregado a el furor, y a la venganza	
	lograbas la ocasión, que te ofrecían	
	el descuido del conde, el sitio, el tiempo,	
	nuestro valor, y auxilio; ¿te retiras,	
	y mudas de dictamen? ¿Qué razones	210
	te han podido mover a tan indigna	
	resolución, de mí nunca esperada?	

Rodrigo Vela	¡Qué mal conoces el rencor que abrigan	
	en lo interior del pecho las ofensas,	
	Todas mis expresiones, mis afectos,	215
	a color de amistad, se dirigían	
	a engañar a este joven, que es objeto	

	de mi aborrecimiento, de mis iras.	
	Mi saña, y mi furor no se contentan	
	con que se sepa que he sido homicida	220
	del nieto de Fernando; a más crueldades	
	la desesperación me precipita.	
	Muera sí; pero muera de su esposa	
	(porque muera dos veces) a la vista.	
	Con artificio publiqué que estaba	225
	disponiendo esta tarde mi partida,	
	para que en caso de que reparasen	
	en los preparativos que se hacían	
	con los fines que sabes, no se diese	
	motivo, ni lugar a la malicia	230
	de hacer juicios diversos, y exponernos	
	a aventurarlo todo, con la mira	
	de que unidos los tres con los parciales	
	que llegaron a noche de Castilla,	
	emprendimos la acción que ha tanto tiempo	235
	que tengo meditada. Y pues a vista	
	estamos del suceso; tú, Gutierre,	
	harás, que con la tropa prevenida	
	se cerquen las murallas del Palacio,	
	y en dándote el aviso...	
Fernán Gutierre	¡Y qué yo había	240
	de ser tan inhumano, tan aleve,	
	tan bárbaro, y feroz, que en tu perfidia	
	fuese, cómplice, y reo, que incitara	
	contra mí la venganza, y ojeriza	
	de los Leoneses, de los Castellanos,	245
	y aun de toda la Europa! ¡Y tú podrías	
	oscurecer tu fama con delitos,	
	que solo imaginados, horrorizan!	
	¡Será capaz tu honor, y tu nobleza	

	de ensangrentar la espada en una vida,	250
	que defender supiste tantas veces	
	a costa de la tuya!	

Rodrigo Vela   Si bien miras
las causas, y motivos que me mueven
a esta acción, que aunque bárbara imaginas;
es solo de mi agravio, de mi ofensa 255
justa satisfacción, hazaña digna
de mi honor, y mi brazo; tú el primero
serás quien me aconseje, y quien me diga,
que vivo sin honor, hasta que vierta
mi cólera, y furor la sangre misma, 260
que inundó las riberas de Pisuerga,
sin mirar que era suya, con la mía.
Y no solo aprobar debes mi intento:
me debes auxiliar; si no te olvidas
de que eres miserable rama inútil 265
del tronco que segó mano enemiga.
¿Ignoras que a tu abuelo, y a mi padre
se imputaron delitos que no había,
y que fue su virtud, y su inocencia
víctima del furor, y la injusticia? 270
Estas tristes memorias ¿no provocan
tu cólera, y enojo? ¡Tan remisa
está en ti la venganza! ¿Qué respondes?
Mis ofensas, y agravios ¿no te inspiran
pensamientos de horror, y de crueldades? 275
Mi valor, y mi ejemplo ¿no te animan?

Fernán Gutierre   Al rey de León Bermudo, sirvo ahora:
soy vasallo del conde don García,
y Castellano; que esto solo basta
para no hacer acciones, que desdigan 280

	a mis obligaciones, y nobleza.	
	Si vosotros queréis, que oscurecida	
	quede vuestra memoria: si os complace	
	manchar la historia con la negra tinta	
	de atentados horrendos, y de infamias,	285
	que todos mirarán como ignominia	
	de vuestros procederes; yo resuelvo	
	no entrar en la facción.	
Rodrigo Vela	Tu cobardía,	
	más que el honor, influye en tus ideas.	
Fernán Gutierre	Ninguno sino tú, pronunciaría	290
	palabras tan odiosas a mi oído,	
	sin borrarlas primero con la vida.	
Rodrigo Vela	Cualquiera que se oponga...	
Fernán Gutierre	Quien pensare...	
Íñigo Vela	Suspended los impulsos de la ira.	
	Fernán es nuestro amigo: yo no dudo	295
	que mude de dictamen, atendidas	
	todas las circunstancias, y motivos	
	que nuestras pretensiones autorizan.	
Fernán Gutierre	Quien piensa como yo, nunca hacer puede,	
	por más que le persuadan, bastardía.	300
	Cuando el rey, cuando el conde, necesiten	
	mi espada en la campaña, que teñida	
	tantas veces, del pomo hasta la punta,	
	fue terror de las huestes enemigas;	
	haré ver que ninguno me aventaja	305
	en valor, en constancia, y osadía.	

Para esto al noble se le ciñe espada,
y no para traiciones tan indignas.
Yo vivo persuadido a que vosotros
lo miraréis mejor: la amistad mía 310
debe esperar, que bien aconsejados
mudaréis de dictamen. Mas si a vista
de mis reconvenciones amistosas,
consultando al furor, y a la perfidia,
intentáis, pretendéis llevar a efecto 315
la traición detestable, que os inspira
vuestra venganza; abandonando todos
los sentimientos que persuade, y dicta
la humanidad, y honor, será mi espada,
y mi brazo defensa de la vida 320
del conde mi Señor, y vuestro dueño:
y pudiendo conmigo la hidalguía
de mi buen proceder, más que la estrecha
obligación que tiene contraída
mi amistad con vosotros; y que cuantas 325
razones puede haber para que os sirva
en los mayores riesgos, y peligros,
hasta hacer sacrificio de la mía,
por defender la vida de vosotros;
os debo prevenir, que si medita 330
vuestra temeridad en dar el golpe,
que dispone el furor de vuestra ira,
no le podréis lograr, sin que primero
me deis la muerte a mí.

Rodrigo Vela   Deja que siga
su locura, y capricho: ven, hermano; 335
y a Dios, hasta después.

Escena VI

Fernán Gutierre

Fernán Gutierre   ¡Quién me diría,
cuando vine a León con otro intento,
los cuidados, las penas, las desdichas
que habían de cercarme! ¡Ah, si pudiera   340
remediar tantos males! Ya es precisa
la prudencia, y el valor: yo haré que sepan
la infanta, el rey, y el conde, que en el día
que el mando de la Tropa de su guardia
a mi cuidado, y a mi celo fían,   345
desempeñé merced, y confianza.
Ayudame valor, para que diga
(si muero en la demanda) mi epitafio.
Aquí yace un Fidalgo de Castilla,
que con la noble sangre de sus venas   350
la historia de su fama dejó escrita.

Acto III

Escena I

Guiomar y Fernán Gutierre.

Fernán Gutierre	Habla, Guiomar, que nadie nos escucha
Guiomar	La causa de traerte a este retiro,

                habiéndote encargado que vinieses,
                sin dar parte a los Velas, tus amigos,
                de que yo te llamaba, te interesa   5
                no menos que el honor; y como el mío,
                por ser tuyo también conservar debo,
                atenta a mi decoro, no he querido
                que ignores el peligro en que se halla
                tu vida, y tu opinión: a mí me han dicho,   10
                (debajo de secreto, y confianza)
                que mal aconsejado don Rodrigo
                convoca sus parciales, y que intenta,
                implacable, feroz, y vengativo,
                dar la muerte a García (no te asombre);   15
                y hasta saberlo todo, te suplico,
                que nada me respondas: si éste solo
                el daño fuera, yo hubiera sabido
                qué medidas tomar: pero el que trajo,
                entre otros importantes, este aviso,   20
                con cartas, que confirman las sospechas,
                añadió, que tú estabas comprendiendo
                en la conjuración, y que los Velas
                para eso te buscaron: yo, que vivo
                de amante (ya lo dije), sorprendida   25
                por algunos momentos, no respiro.
                Y a pesar de que yo no me persuado

                    a que seas capaz de tan indigno
                    proceder, y bajeza; hasta que salga
                    del confuso intrincado laberinto   30
                    de cobarde aliento, perezosa animo.
                    Si es verdad, que me amas, si mi afecto
                    puede en esta ocasión algo contigo,
                    desengáñame, y dime lo que sabes,
                    o acaba con mi vida.

Fernán Gutierre   Dueño mío: 35
                    sabe el Cielo que temo disgustarte;
                    pero yo no quisiera dar motivo
                    para que se dijese, se pensase,
                    que pude yo decir, que se han sabido
                    las ideas, los fines, los proyectos,   40
                    las máximas, y trazas...

Guiomar   ¡Qué indeciso
                    dudas lo que has de hacer! Pues cuando fueras
                    (no acierto con las voces) tan indigno,
                    que olvidado de ti, de tu nobleza,
                    y de tus procederes; ¿de remiso,   45
                    o cobarde dejarás a la suerte
                    el suceso, que debes por ti mismo
                    en tiempo prevenir? Mi amor, mi mano,
                    tus promesas, mi fe, ¿no son motivos
                    bastante poderosos? ¡No te mueve   50
                    saber, que si abandonas el partido
                    de la virtud, y honor, que yo constante
                    por tu respeto, y mi decoro sigo,
                    es forzoso perderte, y que me pierdas!
                    ¡Tan inhumano, cruel, y tan impío   55
                    serás con quien te ama! ¿Y qué acaso
                    me dejarás cercada de peligros

	con mi dolor, y llanto, y que se diga,	
	que el que ha de ser mi esposo, ha preferido	
	una amistad (por parte de los Velas	60
	fingida acaso) a el tierno amante fino	
	afecto con que dice, que te ama	
	una mujer, tan noble, que ha sabido	
	responder, por tu honor, ¿a quién pensaba	
	que en ti faltar pudiera?	
Fernán Gutierre	¿Quién te ha dicho...?	65
Guiomar	Nada importa saberlo: lo que importa	
	es, que tú no me ocultes sus designios.	
Fernán Gutierre	¿Qué puedes tú pedirme, que no haga	
	por agradarte? ya no me resisto	
	a la dulce violencia de tus ruegos:	70
	recoge los sollozos, y suspiros,	
	que en vano desperdicias: nada temas.	
	Yo pensaba callar: pero contigo	
	sería delincuente mi silencio;	
	ya voy a descubrirte el pecho mío.	75
	Son ciertos los avisos que te han dado	
	respecto de los Velas; pero ha sido	
	maldad, que de mi honor, y de mi fama	
	se diga, ni aún se piense, tal delito.	
	Ellos, Guiomar, están abandonados	80
	a el furor, y la ira: persuadirlos	
	a que no se arrojasen temerarios	
	a crimen tan atroz: mas no he podido	
	contener su coraje y osadía:	
	la vida de García está en peligro,	85
	si no se acude en tiempo a defenderla.	
	Yo no hallo medio: yo no encuentro arbitrio	

de evitar los estragos, que amenazan
a Castilla, y León; porque si digo
a el rey, y don García, que los Velas 90
son traidores; lo soy de unos amigos
a quien debo la vida, la crianza,
la hacienda, y cuanto soy. Si determino
no descubrir los reos conjurados,
falto a la obligación, que he contraído 95
con el rey don Bermudo, de servirle,
y defenderle de sus enemigos.
También como vasallo falto a el conde,
si oculto la traición: en este abismo
de confusiones, por hacerlo todo 100
a nada me resuelvo. ¡Mas qué digo!
Nuestro amor, y mi honor es lo primero:
con todo, aunque arrestado, y convencido
de tu amor, y razones, me convengo
en declarar a el rey en el peligro 105
que la vida del conde se halla; entiendo
que será conveniente, y aun preciso
esperar a mañana, porque estando
en este día todo prevenido,
y dispuestos, los nobles, y plebeyos, 110
con general aplauso, y regocijo,
a celebrar las bodas, que esta tarde
se deben efectuar; me determino
a no mezclar placeres con pesares:
entre tanto, prudente y advertido, 115
a la mira estaré, sin apartarme
del lado de los Velas: de ti fío,
que hasta que venga a hablar a el rey y a el conde
guardarás el secreto.

Guiomar   Yo te estimo

	la confianza: vive asegurado 120
	de que sabré callar: todo lo miro
	dispuesto a mi placer. A pesar de eso,
	la ocasión, mis temores, el peligro,
	los Velas, tú, la infanta, don García,
	cuanto veo, Fernán, cuanto imagino, 125
	todo me asusta, todo me acobarda,
	y los momentos me parecen siglos.
Fernán Gutierre	Son vanos tus temores: te aseguro
	que en este día no tendrás motivo
	de pesar, ni disgusto: sé, que aun cuando 130
	insista en sus proyectos don Rodrigo,
	y de mis reflexiones amistosas
	no se haya aprovechado, y convencido,
	espera otra ocasión más favorable,
	y menos arriesgada a sus designios. 135
	Por más que su valor le dé osadía,
	por más que su furor le preste bríos,
	hoy no puede exponerse, ni arrestarse
	a una empresa tan bárbara: los mismos
	parciales conjurados, y auxiliares, 140
	que son de su facción, y su partido,
	convienen en que importa dilatarla,
	hasta tanto que pasen los festivos
	días alegres de las Reales bodas,
	y que los Ricos Homes, que han venido 145
	de Navarra, y Castilla con el conde,
	se ausenten de León.
Guiomar	Con eso vivo:
	ninguno como tú sabe agradarme:
	tuyo es mi corazón.

Fernán Gutierre	Tuyo es el mío; y a Dios, hasta después.	
Guiomar	A Dios, y vuelve.	150
Fernán Gutierre	No tardaré en volver.	

Escena II

Sancha, y Guiomar.

Sancha	Poco sufrido es, Guiomar, un cuidado: no sosiego, ni puede mi dolor tener alivio, sin apurar primero mis sospechas, mis dudas, y recelos. ¿Qué te ha dicho Fernán Gutierre? ¿Qué has examinado? ¿No puedes consolar un afligido corazón agitado de temores, de sustos, y cuidados? ¡Qué martirio es para una alma tierna la esperanza, que se dilata sin tener arbitrio de poder acordar con el deseo, que sufra la tardanza! Yo me miro cercada de inquietudes, y temores: no se da paso, no se siente ruido, que no le tema como mensajero de mi desgracia.	155 160 165
Guiomar	¿Qué nuevo motivo, qué causa nueva agita tus afectos para afligirte tanto? ¿si has sabido, que satisfecho el conde don García de la fidelidad de don Rodrigo,	170

del amor, y respeto a su persona,
a su lado le tiene como amigo?
Si los Velas han sido los primeros
que haciendo los conciertos, y partidos 175
pidieron a tu hermano conviniese
en que García, uniéndose contigo
en vínculos estrechos, lazo amable,
fuese de sus ejércitos caudillo
para seguir la guerra contra el Moro, 180
qué soberbio, arrogante, y vengativo,
no bien escarmentado del destrozo
que hicieron en sus Tropas el invicto
valor, y esfuerzo de los Castellanos;
intenta temerario poner sitio 185
a Medina del Campo: si no ignoras
que de común acuerdo han prometido
olvidar las ofensas, y rencores,
estableciendo en sólidos principios
una amistad sencilla, y verdadera; 190
¿qué objeto, qué ilusión, qué desvarío,
perturba tu quietud, y tu sosiego?
¿Este día feliz, que te previno
tu merito, y belleza, llenar quieres
de horror, y confusión, por un capricho 195
que existe solamente en la ligera
aprensión mal fundada de los juicios
que forma tu razón aconsejada
de vanas conjeturas? Yo no digo,
que no se tomen todas las medidas, 200
que dicta la razón, cuando hay peligros,
o riesgos que esperar, aunque de lejos;
convengo en que con maña, y artificio
examines, observes, si los Velas
son leales o traidores: es preciso 205

	vivir con precaución: no te lo niego.	
	Pero si ves, que todo está tranquilo:	
	si esperas por instantes ser esposa	
	de quien más amas... no hagas desperdicio	
	de tus felicidades.	
Sancha	¡Ay amiga!	210
	que por más que me esfuerzo, y que me animo,	
	hallo razones para consolarme.	
Guiomar	¿Y podrá consolarte, haberme dicho	
	Fernán Gutierre, que si temerario,	
	y osado se arrestase don Rodrigo	215
	a la menor acción, que perturbase	
	la quietud de los Reinos atrevido,	
	el primero sería que intentara	
	de sus alevosías el castigo?	
	¿Y qué en su nombre yo te asegurase,	220
	que expondría la vida en tu servicio?	
Sancha	¿Eso te aseguró? ¿Eso promete?	
	(albricias, corazón, que ya respiro)	
	Pues aunque nunca puedo lisonjearme	
	de que son los recelos, y los juicios,	225
	que he formado, tan vanos, y ligeros,	
	que pueda, sosegarlos este aviso;	
	no sé qué especie de consuelo, y gozo	
	en mi pecho, Guiomar, ha introducido	
	noticia tan gustosa, y agradable,	230
	que de otro modo los sucesos miro.	
	Me parece, que el conde ya está libre	
	de asechanzas, traiciones, y peligrosos:	
	me parece, que espera los momentos	
	de llegar a mis brazos; y que fino	235

	sacrifica a mi amor de sus afectos	
	todo el precio, que cobra de los míos:	
	me parece, que viene… y no me engaño,	
	pues se acerca a nosotras.	

Escena III

García, Sancha, y Guiomar.

Don García	No he podido	
	por más que mis deseos abreviaban	240
	los instantes de verte, dueño mío,	
	dejar al rey, hasta tener dispuesto,	
	que esta tarde prevenga don Rodrigo	
	a los nobles del Reino, que concurran	
	a el salón Palacio con lucido	245
	magnífico aparato: la tardanza	
	me puedes perdonar por el motivo.	
	Ya llegó de mis dichas el momento,	
	el hombre más feliz de los mortales:	
	ya dueño de mi alma, y albedrío	250
	tú sola mandarás a los Leoneses,	
	y Castellanos: ya los dos unidos	
	en vínculos amables, cogeremos	
	los frutos de una paz, que ha establecido	
	mi amor, y tu constancia: mis banderas	255
	tremolarán a el aire los Castillos	
	a el lado de los Leones; y unos y otros	
	serán terror del bárbaro Morismo:	
	ya tu hermano, que te ama eternamente,	
	ha mandado, que tengan prevenido	260
	todo cuanto el primor, y gusto pueden	
	ofrecer a el deseo en el festivo,	
	feliz alegre día, en que merezco	

	el honor de ser tuyo.

Sancha   ¡Ah!

Don García
     ¡Con suspiros!
¡Con ayes me respondes, cuando estaba!   265
si no bien satisfecho, persuadido
a que había de hallar en tu semblante,
aun en tu corazón, claros indicios
de la parte, que tomas en mis dichas:
cuando esperaba que de tu cariño   270
me darías señales: cuando amante,
(permite que lo diga) tierno, fino,
me lisonjeaba de que tus deseos
hacían consonancia con los míos
¿Qué novedad, qué causa, qué accidente,   275
en tan breves instantes ha podido
cambiar tus alegrías en pesares,
y mis gustos en penas, y martirios
¿Acaso pesarosa... (no lo creo)
¿Acaso arrepentida de haber dicho,   280
que me amabas, ingrata! solicitas,
que lo conozca yo, para que al vivo
dolor inexplicable de saberlo,
se siga de mi muerte...

Sancha
     Si he sufrido
tus quejas tan injustas, como ajenas   285
de mi amor, y constancia; si no miro
como ofensa, que se hace a mi decoro,
la errada presunción de un capricho,
es porque sepas, que mi altivo genio
hace la vanidad de que no han sido   290
en ti desconfianzas los recelos

de que pudiera yo faltar a el fino
afecto con que sabes obligarme.
Acaso tus temores han nacido
de causa bien distinta. Yo presumo, 295
que el saber que te amo, es el motivo
de que me hables así: me lisonjea
esta esperanza: te amo; y por lo mismo
lo quiero sufrir todo; pero advierte
que si agradarme intentas; ese estilo, 300
por más que tu pasión te lo aconseje
no vuelvas en tu vida a usar conmigo.
Son muchos mis pesares; no lo niego:
mi corazón se ve tan afligido,
que para respirar se olvida a veces, 305
a pesar que le llamo, de que es mío
No te diré la causa; pero debes
estarme eternamente agradecido
a esta fineza: vive asegurado
de mi fe, y de mi amor: solo te digo, 310
que algún día sabrás.

Don García ¿Por qué no ahora?
Yo que vivo de amarte, y que no vivo,
si tú no estás contenta, o si te hallas
en alguna ocasión, o algún peligro,
que yo pueda evitar ¿he de ignorarlo? 315
¿Y tú me ocultarás?...

Sancha Esposo mío
ya no puedo callar: mis sentimientos,
mis temores, mi llanto, mis suspiros
los produce el recelo, la sospecha
de que disimulado don Rodrigo 320
oculta sus ideas, y pretende

	interrumpir la paz. A mí me han dicho	
	que ha convocado amigos, y parciales;	
	que todos juntos tratan con sigilo	
	asuntos importantes: esto basta	325
	para desconfiar de sus designios.	
	Me aflige demasiado una noticia,	
	que merece atención: vive conmigo;	
	y tú de sus lealtades satisfecho,	
	nada recelas.	
Don García	Si ésta sola ha sido	330
	la causa de tus sustos y pesares,	
	bien puedes sosegarte. Don Rodrigo	
	es un hombre de honor: me tiene dadas	
	pruebas de su lealtad; yo te lo afirmo.	
	El tiempo te dirá, que no me engaña	335
	la confianza, que hago de su juicio,	
	de sus obligaciones, y conducta,	
	su modo de pensar, y sus servicios:	
	yo sería feliz en imprimirte	
	una idea cabal, de que el peligro	340
	es solo imaginado.	
Sancha	Quiera el Cielo,	
	que sean vanos los temores míos:	
	cuida tu vida, si la mía aprecias;	
	y a Dios, hasta después; que me retiro	
	a ver mi hermano el rey.	

Escena IV

Don García	¿Quién a la infanta	345
	se habrá arrestado a dar unos avisos,	
	tan contrarios, y opuestos al dictamen,	

que yo he formado del mayor amigo,
que asiste a mi persona, y en quien tengo
toda mi confianza? Yo imagino,   350
que algún traidor intenta colocarse
en su lugar; mas si hallo, y averiguo
quién es el que se atreve temerario
a darme este disgusto; por mí mismo
sabré satisfacer la ofensa que hace   355
a un Fidalgo bondoso, que ha sabido,
por defender mi vida, muchas veces
de la suya hacer noble desperdicio.
Pues nada tema, que aunque la fortuna
se empeñe en derrocarle con sus tiros,   360
no lo conseguirá; si antes su ceño
no prueba sui esfuerzos con los míos.

Acto IV

Escena I

Rodrigo, y Fernán Gutierre.

Rodrigo Vela	Te he llamado, Fernán, para decirte
	mis ideas: que soy tu amigo sabes;
	no lo puedes dudar; siempre lo he sido;
	voy a darte una prueba bien constante
	de esta verdad. Yo he visto más de espacio, 5
	que aún cuando mis proyectos, se lograsen
	dando la muerte al conde, cuya empresa
	es arriesgada, y pudo aventurarme
	a perder en un día honor, y Estado,
	y la vida con ellos; mis parciales 10
	no están todos de acuerdo; y por lo mismo
	no tengo todas las seguridades,
	que, como dicta el juicio, y la prudencia,
	exigen los asuntos de esta clase.
	además tus consejos, y mis propias 15
	maduras reflexiones son bastantes
	a que yo convencido de las tuyas,
	y de las mías, mudé de dictamen.
	El horror del delito, y atentado
	me acobarda también por otra parte. 20
	¿Qué dirían de mí, cuando supiesen
	que alevoso, traidor, pérfido, infame,
	atropellando leyes, y derechos,
	inhumano vertí la misma sangre,
	que debía ser preciso de la mía 25
	en su defensa? Menos importante
	no es tampoco traer a la memoria,
	que el conde Sancho, de García padre,

                    nos volvió los Estados, las haciendas,
                    los honores, y empleos que mucho antes   30
                    el suyo nos había confiscado:
                    su generosidad, y sus bondades,
                    aun olvidando las demás razones,
                    que debes decidirme, son capaces
                    de hacer que borre todas las ofensas,   35
                    que inspiraban mi honor, y mi coraje:
                    desde ahora verás, que a las, discordias
                    se siguen las uniones, y amistades,
                    que harán feliz al Reino, y a el Estado.
                    El conde don García satisface   40
                    con mercedes, y dones mis deseos:
                    yo no tengo razón para quejarme
                    de que no corresponde a mis servicios,
                    y a el valor con que supe libertarle
                    de traidores oculto, que alevosos   45
                    tantas veces quisieron destronarle:
                    ya conozco mi error; y te agradezco
                    las reflexiones con que te empeñaste
                    en persuadirme, que de mis proyectos
                    por ser tan temerarios, que apartase.   50
                    La pasión me cegaba, no lo niego:
                    hoy pretendo dar muestras de que nadie
                    celebre como yo de don García
                    las dichas, gustos, y felicidades:
                    el primero seré...

Fernán Gutierre   Deja, Rodrigo,   55
                    permiteme que mi amistad enlace
                    tus brazos con los míos: ¿cómo puedo,
                    por más que lo pretenda, demostrarte
                    mi gozo, y mi placer? cuenta conmigo,
                    y vive asegurado, que si antes   60

	me opuse a tus ideas, fue movido	
	de tu propio interés, y mis lealtades.	
Rodrigo Vela	Pero advierte que yo...	
Fernán Gutierre	Nada me digas,	
	yo sé lo que he de hacer en todo trance:	
	voy a buscar al conde, que me espera;	65
	y supuesto, Rodrigo, que esta tarde	
	se celebran las bodas y tú debes	
	concurrir el primero, porque haces	
	las veces de padrino; concluidas	
	las ceremonias, y formalidades	70
	nos vemos después. A Dios te queda.	

Escena II

Íñigo, y Rodrigo.

Íñigo Vela	De la forma, Rodrigo que mandaste	
	está dispuesto todo; solo falta,	
	para que no se yerre, que señales	
	sitio, y hora.	
Rodrigo Vela	Está bien mas te prevengo,	75
	(esto importa saber) que en este instante,	
	Fernán Gutierre, que ha estado conmigo,	
	de mí llamado, acaba de ausentarse:	
	va a hablar al conde: dijo que volvía	
	a mi casa, después que se acabasen	80
	las funciones de boda; yo no quise,	
	ni decirle que sí, ni replicarle,	
	si le ves, no te des por entendido,	
	ni digas que me has visto.	

Íñigo Vela	Acaso sabe...
Rodrigo Vela	¿Qué ha de saber? ¿pues piensas que yo fío, 85

Rodrigo Vela
¿Qué ha de saber? ¿pues piensas que yo fío, 85
ni aun de mí misma las empresas grandes?
Si yo pudiera solo ejecutarla,
ni aun de ti me valiera. Ese ignorante,
que no ha estudiado de los corazones
el sabio idioma, pudo lisonjearse 90
de que entendía el mío; más yo astuto,
advertido, y sagaz supe engañarle:
le aseguré, que estaba arrepentido
y que estaba arrepentido,
y que miraba como detestables 95
mis ideas sangrientas, y proyectos;
(persuadir su inocencia me fue fácil)
le añadí, que tú estabas convenido
en seguir mis consejos, y dictamen;
que al conde siempre amé; que le respeto; 100
que mis deudos, amigos, y parciales,
movidos a mis ruegos, y promesas,
disponen a sus casas retirarse.
Atento a sus razones, y discursos,
llegué a entender del modo de explicarse, 105
que estaba persuadido a que su ejemplo,
su prudencia, y virtud fueron capaces
de moverme. No es mucho: que los pechos,
que se precian de nobles, y leales,
ignoran el camino que conduce 110
a el oscuro país de las maldades.
Él piensa lo mejor, y lo más justo,
yo lo conozco bien: pero ya es tarde
para mudar sistema: estoy resuelto;
y aunque pierda la vida en el examen, 115
he de ver si consigo mis ideas;

| | y si la historia me presenta infame
| | a los ojos del mundo, a el mismo tiempo
| | se podrá ver escrito en los anales,
| | que hubo un hijo, que supo por sí mismo, 120
| | vengar ofensas de su amado padre.

Íñigo Vela   Eso sí, consultemos a la ira:
               aneguese el Palacio con la sangre
               del conde don García, y la de todos
               los que atrevidos defender osaren 125
               su vida a costa de la propia suya.
               Ea, hermano, a la empresa; no se acabe
               la luz del día sin que tus intentos,
               y los míos se logren: importante
               es la resolución. Si la dilatas 130
               a mañana, pudiera aventurarse
               el golpe, que mejora nuestra suerte.

Rodrigo Vela   Estoy tan lejos de que se dilate,
               que hoy a las cinco en punto tendrás prontos
               los que están prevenidos a auxiliarme: 135
               tú conmigo estarás siempre a la mira
               atento, diligente, y vigilante:
               y en viendo que acomete, harás la seña,
               para que unidos todos embaracen
               la salida al que intenté dar aviso 140
               a las gentes del conde, que han de hallarse
               formadas a las puertas de Palacio,
               esperando a servirle, y festejarle,
               con el motivo alegre de sus bodas:
               las armas, y caballos en el parque 145
               nos deben esperar; tú a el lado mío
               harás lo que disponga, y ordenaré,
               según los accidentes que allí ocurran:

	esto es lo que has de hacer; y ahora parte	
	mientras yo, con cautela, y disimulo,	150
	observo las acciones, y semblantes	
	de los que salen, y entran en el cuarto	
	del rey, y de la infanta.	

Íñigo Vela   Los instantes
serán para mí siglos, hasta verme
vengado, o muerto. A Dios.

Escena III

Nuño y Rodrigo.

Rodrigo Vela	Por esta parte,	155
	me voy a retirar.	
Nuño	Rodrigo: el conde,	
	mi Señor, me ha mandado que os buscase,	
	y os dijese, que tiene que advertiros.	
Rodrigo Vela	¡Advertirme a mí el conde!. ¡A mí llamarme!	
	¡Si algún traidor le ha dicho... ¡Si presume	160
	que mi hermano... que yo puedo faltarle,	
	intentar, pretender...	
Nuño	¿Qué desvarío,	
	que ilusión os inquieta? ¿De qué nace	
	la duda, y turbación? ¿Qué reflexiones,	
	qué discursos, y qué...	
Rodrigo Vela	Nuño, dejadme;	165
	que enajenado de mi pensamiento,	
	no sé qué responderos: mas no obstante,	

	decid al conde, que obediente siempre	
	a sus mandatos, y preceptos Reales	
	voy a besar su mano. Pero dime:	170
	desconfía, recela (¡fuerte lance!),	
	teme, piensa, que yo...	
Nuño	Volved, Rodrigo,	
	volved en vos; que temo habéis de darme	
	(a pesar que quisiera no tenerlos)	
	motivos para creer... Pero esto baste.	175
	Vamos que el conde espera.	
Rodrigo Vela	Ya te sigo:	
	pero en vano será; pues acercarse	
	a nosotros el conde veo ahora.	

Escena IV

Don García, Rodrigo, y Nuño.

Don García	A Nuño le mandé que te llamase,	
	pero impaciente de que no volvía,	180
	que para mí son siglos los instantes	
	(en un día que espero de mis dichas	
	el término, feliz), quise buscarte	
	en persona, Rodrigo, porque tengo	
	que valerme de ti, sin que retardes	185
	un punto el desempeño de la orden,	
	que fío a tu cuidado. En esta tarde,	
	que celebro mis bodas, he dispuesto	
	acreditar, que soy rendido amante	
	de la infanta mi prima: para eso	190
	de Castilla han venido, como sabes,	
	mis deudos, mis amigos, y escuderos:	

          sus brillantes lucidos equipajes,
          sus caballos, sus bandas, y sus plumas
          hacen ostentación, por agradarme   195
          de la parte que toman en mis gustos;
          y porque circunstancia no le falte
          para serlo de todos, se previenen,
          y quieren este día festejarle
          con públicas vistosas diversiones   200
          de cañas, y alcancías: yo he de hallarme
          el primero de todos en los juegos,
          y parejas; que quiero dar señales
          de que ninguno como yo celebra
          en todo el Reino las felicidades   205
          de la unión, que de Leones, y Castillos,
          facilita a unos, y otros este enlace.
          Esto supuesto, dispondrás, que todo
          esté pronto a su tiempo: tú has de darme,
          con tan justo motivo, claras pruebas   210
          del interés, y gozo, que te cabe
          en mis satisfacciones, y en mis gustos:
          A este fin te llamaba.

Rodrigo Vela   Señor: nadie
          como yo se interesa en complacerte:
          ninguno como puede gloriarse   215
          de merecer tu agrado, y confianza
          no solo dispondré, como ordenaste,
          que vengan los Fidalgos, y Escuderos
          con lucimiento, y pompa, que declaren
          el grande objeto de sus atenciones,   220
          sino que yo también con mis parciales,
          deudos, amigos, y mis dos hermanos,
          si lo permites, he de acompañarte.

Don García	No solo lo permito, te lo mando;	
	y no dudes, que en esto me complaces.	225
Rodrigo Vela	A obedecerte voy: tú verás luego	
	del modo que te sirvo.	

Escena V

García y Nuño.

Don García	Nuño: antes	
	que vaya a disponerme, y prevenirme,	
	como amigo quisiera preguntarte,	
	qué concepto has formado de Rodrigo.	230
	¿Te parece, que son buenas señales	
	de sus maquinaciones, la obediencia,	
	amor, y gusto con que satisface	
	la confianza, que hago de sus prendas?	
	¿Conocerás ahora, que hay infames	235
	émulos de su empleo, y su fortuna,	
	que de mi gracia quieren separarle?	
	¿No ves, que las ligeras vagas voces	
	que ha esparcido la envidia, son contrastes	
	de su fidelidad? Bien puedes, Nuño,	240
	de tu error (que lo es) desengañarte.	
Nuño	Yo, Señor, bien quisiera, mas no puedo...	
	¡Ojalá que tú tanto no fiases	
	de sus palabras, y de sus promesas!	
Don García	Si tú de esta verdad no te persuades,	245
	yo estoy bien satisfecho: vamos, Nuño.	
Nuño	Atended...	

Don García   Está bien.

Escena VI

Guiomar, García, y Nuño.

Guiomar   Vengo a buscarte,
para que sepas que la infanta tiene
que prevenirte.

Don García   Sin perder instante
a obedecerla voy: dispuesto a todo   250
cuanto exija de mí.

Escena VII

Guiomar   Que le esperase
en esta galería a que viniese,
me avisa este papel: ¿qué novedades,
qué me importe saberlas, tendrá ahora
Fernán Gutierre, qué comunicarme?   255

Escena VIII

Fernán Gutierre, y Guiomar.

Fernán Gutierre   Aprovechando todos los momentos,
que me permiten los asuntos graves,
que están a mi cuidado; vengo a verte,
y a decirte, que acaba de llamarme
el conde don Rodrigo: asegurome,   260
que ya había mudado de dictamen:
que ha conocido el riesgo a que se expone,

	si no corrige sus temeridades:	
	que a el conde don García le merece	
	mercedes, que jamás sabrá pagarle:	265
	que se avergüenza de que temerario	
	traiciones tan horrendas maquinase:	
	que muchos de los suyos disponían	
	su retiro a Castilla. Asegurarte	
	que esto sea verdad no me resuelvo:	270
	sería ligereza confiarme	
	de solo sus palabras: persuadido	
	disimulé que estaba, por no darle	
	motivo a la sospecha: yo no ignoro	
	que pudieron conmigo cautelarse,	275
	para lograr mejor sus intenciones,	
	aventurando el golpe solo a un lance.	

Guiomar ¿Y qué intentas hacer? ¿Y qué resuelves
en un asunto tan interesante?

Fernán Gutierre Lo seguro es poner remedio a un daño, 280
que después puede ser inevitable:
la mucha confianza no es prudencia,
mayormente en materias semejantes.
Sin pasar de mañana, es conveniente,
que a el rey, y don García demos parte 285
de todo lo que ocurre.

Guiomar Ese es el medio
de aquietar mis temores, y pesares.

Fernán Gutierre Yo prometo dejarte satisfecha:
así podrás, bien mío, asegurarte
de mi fe, y de mi amor: siendo esta dicha 290
el complejo de mis felicidades.

Dichoso yo mil veces si acertara
el camino seguro de agradarte:
dichoso, si pudiera a las discordias
poner fin con sencillas amistades;   295
mas si no lo consigo, con mi vida
cumpliré como noble y como amante.
De este modo, Guiomar, Fernán Gutierre,
su honor, y sus promesas satisface.

Acto V

Escena I

Bermudo, Sancha, Guiomar, García, Rodrigo, Íñigo, Fernán Gutierre, Fidalgos Leoneses, Castellanos, y Damas.

Bermudo   Fidalgos de León, y de Castilla,
cuyos heroicos, cuyos nobles pechos
han sido escudo de las dos Naciones;
en gloriosa defensa de ambos Reinos;
para saber mis Reales intenciones   5
os mandé convocar: estadme atentos.
Me casé con Teresa, hija de Sancho,
gran conde de Castilla: mas el Cielo,
acaso porque así me convenía,
a mi Trono dejó sin heredero.   10
Las discordias, las guerras, los partidos,
entre las dos Coronas, impidieron,
por causas, que ninguno las ignora,
que no viese cumplidos los deseos
de colocar la infanta, mi heredera,   15
qué presente tenéis, con un sujeto,
que pudiese llenar la vasta idea,
que merecen sus prendas, y el concepto,
que de toda la Europa se ha sabido
conciliar su virtud: llegó ya el tiempo,   20
en que por suerte mía se dispone
de mi querida hermana el casamiento.
El conde don García, mi cuñado,
cuyas prendas, valor, merecimiento,
y demás circunstancias son notorias,   25
me ha pedido su mano; y yo atento
a las ventajas, que a las dos Coronas

se siguen de este enlace, me convengo
de acuerdo con la infanta, en dar a el conde
a su justa demanda cumplimiento. 30
Por parte de los tres en este día,
se miran ya firmados los conciertos,
y Capitulaciones; solo falta
que todo Rico Home, y Caballero
que tiene voto en Cortes, preste ahora 35
(como es costumbre) su consentimiento

Rodrigo Vela   Yo en nombre de León, y de Castilla,
cuyo poder, y facultades tengo,
con la formalidad, y requisitos,
que previenen las Leyes, y el Derecho 40
en uso de su antigua regalía,
exención, preeminencia, y privilegios,
acercándome humilde a el alto Trono,
penetrado de amor, y de respeto,
doblados los hinojos, os doy gracias 45
por la gran confianza, que habéis hecho
de los Fidalgos, y los Ricos Homes;
y con el más debido acatamiento,
a el conde don García, y a la infanta
(si es que los place así), digo lo mesmo: 50
y no solo, Señor, dice el Estado;
y no solo, Señor, conviene el Reino,
en que las Reales bodas, que has tratado
para su utilidad, tengan efecto,
sino que desde luego voluntarios 55
hacen el homenaje, y juramento
de ser fieles vasallos, y dar pruebas
de su fe, de su amor, y de su celo,
exponiendo las vidas en defensa
de sus personas, y la tuya

Bermudo	Acepto	60
	vuestras demostraciones, que ejecutan	
	mi confianza, y agradecimiento	
Don García	Y yo reconocido...	
Sancha	Y yo obligada	
Los dos	Vuestras lealtades no apreciamos menos	
Bermudo	Vamos a la Capilla de Palacio,	65
	para que se ejecute el casamiento.	
Don García	Feliz día rodeado de venturas	
Sancha	Dichoso día de placeres lleno.	
Don García	¿Quién podrá dividirnos, dueño mío?	

(Van delante de todos, asidos de las manos García, y Sancha: a sus lados, Rodrigo, Íñigo, y Nuño: siguen los demás por su orden: se ejecuta la acción dentro, y dice:)

Rodrigo Vela	La desesperación de mi despecho:	70
	muere a mis manos, joven infelice.	
Sancha	¡Qué es lo que haces, traidor?	
Don García	¡Ay! que me has muerto!	
Rodrigo Vela	De este modo los Velas vengativos,	
	satisfacen su honor.	

Nuño	Seguirlos presto:	75
	traición, traición! El conde don Rodrigo	
	ha sido el homicida.	
Dentro otro	Si mi esfuerzo	
	no alcanza contra tantos; en mi vida	
	cebad vuestro furor.	

Escena II

Fernán Gutierre, y Guiomar.

Guiomar	Hombre perverso,	
	más traidor que los mismos homicidas;	80
	¡cómo!...	
Fernán Gutierre	Calla, Guiomar que me avergüenzo	
	de ver que eres capaz de persuadirte	
	a que pude faltar a los derechos.	
	de amor, y de lealtad, de honor y fama.	
	Tómame la palabra: juramento	85
	hago en tus manos, y renuevo en ellas	
	de no volver a verte, hasta que el tiempo	
	te desengañe, de que yo no he sido	
	cómplice en la traición; y con mi acero	
	acreditar sabré, que he sido amante,	90
	buen vasallo, leal y Caballero.	
Guiomar	Para satisfacerme, sus cabezas	
	me has de dar separadas de sus cuellos:	
	sin esta condición, ni de mi mano,	
	ni de mi Corazón podrás ser dueño.	95
Fernán Gutierre	Sin vengar tus ofensas, y las mías,	

no volver a tu vista, te prometo.

Escena III

Bermudo, Sancha, Guiomar, Fidalgos Leoneses, y Castellanos; y las Damas, que sostienen en sus brazos desmayada a la infanta.

Bermudo	Ya que Fernán Gutierre, con algunos	
	amigos, y parciales, va siguiendo	
	los traidores cobardes: entretanto	100
	que se forman las Tropas que yo mesmo	
	comandaré en persona; ved si acaso	
	mi hermana doña Sancha cobra aliento.	
Guiomar	Ya parece que menos perezoso	
	se siente el corazón latir a dentro.	105
Sancha	Hermano: Esposo: espera: ven: acaba:	
	vasallos: ¿Los traidores? ¡Caballeros,	
	si a mi vista! ¡Yo! ¡Cómo! ¡Cuando!... Nuño	
	acudid: no dejéis: socorred presto:	
	la espada: mi dolor: ¡Pero qué digo!	110
	¿Es letargo, ilusión, fantasma, o sueño,	
	el que enajena todos mis sentidos,	
	y deja en suspensión a mis afectos?	
	¿Adónde está García? El suntuoso	
	magnífico aparato, ¿qué se ha hecho?	115
	¿Los Velas...? ¿Los traidores...? ¡Triste vida!	
	que ya, para morir a los esfuerzos	
	de mi dolor, y furia, mal distinto	
	miro un cadáver en su sangre envuelto,	
	que aunque no se conocen de su rostro	120
	claras señales; el horror, el miedo,	
	o el corazón, que nunca me ha mentido,	

me dicen, que es el conde. ¡Santos Cielos!
disponed de mi vida, o permitidme,
que con él me sepulte, y en el seno 125
melancólico, horrible, triste, oscuro
de la tierra descansen los dos cuerpos,
cuyas almas unidas, duraciones
de amor, y de lealtad se prometieron.
¿No buscáis los infames homicidas, 130
para que pueda yo vengarme de ellos?
¡Qué días tan oscuros, tan amargos!
¡Qué horas me esperan! ¡Qué tristes momentos!
Yo no puedo vivir, muerto mi esposo:
enlazada en sus brazos morir quiero. 135
La historia ¿no está llena de ejemplares?
Las Matronas Romanas, ¿no nos dieron,
con sus esposos sepultadas vivas,
de amor y de fiereza buen ejemplo?
Pues ¿por qué me estorbáis que las imite, 140
así como en su amor, en su despecho?
Mas si acaso, de puro compasivos,
vuestra crueldad me quita este consuelo,
dejad que llore de mis esperanzas
el malogrado fin: dejadme, os ruego, 145
que sobre él llore las tempranas muertes
de mis amados padres, mis abuelos,
y todo mi linaje. Esposo mío,
este es el modo con que Dios eterno,
(acaso por misterios que no alcanzo) 150
dispone, que se cumplan mis deseos!
¿Eres tú el que venías a pagarme
los suspiros, ternezas, los afectos,
que debiste a mi amor? ¿A qué has venido?
¿A ser de la traición trágico empleo? 155
¿A ser de mis pesares, mis angustias,

mi aflicción, y mi pena, complemento?
¿Has venido a que muera yo contigo?
Pero de ti, bien mío, no me quejo,
de mi desgracia, que sola ella 160
es causa de los males que padezco.
No hubiera sido tanta tu desdicha,
si la mía (por suerte) fuera menos:
en lugar de acercarte hacia mis brazos,
para que tierna yo te estreche en ellos, 165
apártate de mí, porque la causa
de mi dolor agudo esté más lejos
El feliz eres tú, que ya descansas,
la infelice soy yo; porque me quedo
a padecer, ausente de tus ojos, 170
en triste soledad mis sentimientos:
¿Pero yo he de entregarme a la terneza
cuando más necesito mis esfuerzos?
El furor sustituya a las caricias:
y encendido el coraje a el vivo fuego 175
del dolor, y la pena, que me aflige;
por no hacer delincuente el sufrimiento,
todo cuanto me inspire sea horrores,
escándalos, desgracias, y despechos;
y esos traidores; (su memoria solo 180
ofrece a mi venganza pensamientos
de horror, y de crueldad) y esos traidores,
una, y mil veces a decirlo vuelvo,
sean tristes despojos de mis iras,
y mueran al impulso de un acero, 185
que sacando sus viles corazones
por las espaldas, vean por sí mesmos
la perfidia, y maldad, que en él abrigan,
antes que para público escarmiento
la mano vengadora de un verdugo 190

sus cabezas derribe de los cuellos:
y después, divididos en pedazos,
para dar más horror, sean sus cuerpos.
Bravos Leoneses, fuertes Castellanos,
cuyas hazañas, cuyos grandes hechos, 195
a pesar de traidores fementidos,
serán para la Historia monumentos,
que eternicen gloriosos vuestros nombres;
una infeliz mujer, terrible objeto
del odio, y la ojeriza, es quien conmueve 200
la constancia, el valor, el ardimiento,
que tantas veces, con menor motivo,
habéis acreditado en todos tiempos:
a la vista tenéis ese cadáver,
cuyas heridas aún están vertiendo 205
los restos de su sangre mal helada:
ella os provoca a que vosotros mesmos
toméis satisfacción de los traidores,
que crimen tan enorme cometieron.
Yo la primera, del dolor movida, 210
juro por los Sagrados Evangelios,
por el Altar Mayor, y por la Pila,
por la Salve bendita, y por el Credo,
de no ponerme tocas, ni arracadas,
no comer en mantel, ni atarme el pelo, 215
no lavarme la frente, ni las manos,
no fincarme dormida en blando lecho,
hasta que los malvados a mi vista,
con exquisitos bárbaros tormentos,
que inventará ingeniosa la venganza, 220
acaben con su vida: yo prometo,
que seré liberal en las mercedes
para los que atrevidos, y resueltos
aprendan los traidores, y conduzcan

	a mi presencia: dadme este consuelo,	225
	y tened entendido, que si acaso	
	no se consigue el fin de mis deseos	
	haré de mi vida miserable estrago	
	de un dogal, de un cuchillo, o de un veneno,	
	para que todos los que presenciaron	230
	el lastimoso trágico suceso,	
	vean, que una mujer desesperada,	
	que no pudo vengar su esposo muerto,	
	hizo de tres violencias con un golpe,	
	venganza, y sacrificio, todo a un tiempo.	235

Bermudo   Yo que estoy; más que todos ofendido,
movido de tus justos sentimientos
juró por mi Corona, por mi vida,
y por la tuya, hermana, que la aprecio
más que la mía; que si los traidores   240
se sepultasen en el mismo centro
del abismo; furioso, y despecho,
de él los he de sacar: y entonces fiero,
implacable, feroz, hechos pedazos
haré que su sepulcro sea el viento.   245
Y para dar principio a mi venganza,
y que a todos asombre el escarmiento;
mando, que se confisquen sus haciendas,
que se borren, y tilden sus empleos:
mando, que se degraden, y publiquen   250
por infames a voz de pregonero:
declaró pro traidores los Fidalgos,
los Infanzones, nobles, y plebeyos,
y a cualquier vasallo, que intentaré
darles socorro de agua, pan, o fuego;   255
y a quien los aprendiese, y arrestase
honores, y mercedes le prometo.

Sancha	Yo estoy agradecida, hermano mío,
	a las demostraciones, que merezco
	a tu amor, y bondad: ¡Ah, si algún día 260
	te pudiera pagar!...
Bermudo	Yo solo quiero
	dejar con el castigo que dispongo,
	a la posteridad un escarmiento.
Sancha	Ahora verás, Guiomar, que mis temores,
	como eran en mi daño, han sido ciertos. 265
Guiomar	Ese dolor, Señora, que te aflige,
	aumento el mío, sin hallar consuelo.

Escena IV

Todos, y Nuño.

Nuño	Ya está toda la Tropa prevenida
	a tus ordenes Reales.
Bermudo	¡Santos Cielos!
	todo es asombroso, confusión, y espanto, 270
	día infausto, infeliz, de horrores lleno.
	¡Qué se hallen en humanos corazones
	delitos tan atroces, tan horrendos,
	que las fieras, más fieras se intimidan,
	o se avergüenzan para cometerlos! 275
	¡Ah, joven desgraciado! ¿Quién diría,
	que el mismo a quien fiaste el Gobierno
	tu Estado, tu Reino, y tu Persona,
	había de faltar a los derechos

de humanidad, de honor, y vasallaje 280
y qué homicida, bárbaro sangriento
había dejar a las edades,
y a la Nación, el torpe, infame, feo
borrón de una perfidia, y atentado
de que apenas se halla algún ejemplo 285
en la larga carrera de los siglos?
Ea, pues, Castellanos, los aceros:
ea, Leoneses, el honor, y el brío
en tan justa demanda aprovechemos;
y pues todos estamos ofendidos, 290
no volvamos a León, sin que primero,
o muramos nosotros de coraje,
o nuestra furia, y saña mueran ellos.

Fin

Libros a la carta

A la carta es un servicio especializado para
empresas,
librerías,
bibliotecas,
editoriales
y centros de enseñanza;
y permite confeccionar libros que, por su formato y concepción, sirven a los propósitos más específicos de estas instituciones.
Las empresas nos encargan ediciones personalizadas para marketing editorial o para regalos institucionales. Y los interesados solicitan, a título personal, ediciones antiguas, o no disponibles en el mercado; y las acompañan con notas y comentarios críticos.
Las ediciones tienen como apoyo un libro de estilo con todo tipo de referencias sobre los criterios de tratamiento tipográfico aplicados a nuestros libros que puede ser consultado en Linkgua-ediciones.com.
Linkgua edita por encargo diferentes versiones de una misma obra con distintos tratamientos ortotipográficos (actualizaciones de carácter divulgativo de un clásico, o versiones estrictamente fieles a la edición original de referencia).
Este servicio de ediciones a la carta le permitirá, si usted se dedica a la enseñanza, tener una forma de hacer pública su interpretación de un texto y, sobre una versión digitalizada «base», usted podrá introducir interpretaciones del texto fuente. Es un tópico que los profesores denuncien en clase los desmanes de una edición, o vayan comentando errores de interpretación de un texto y esta es una solución útil a esa necesidad del mundo académico.
Asimismo publicamos de manera sistemática, en un mismo catálogo, tesis doctorales y actas de congresos académicos, que son distribuidas a través de nuestra Web.
El servicio de «libros a la carta» funciona de dos formas.
1. Tenemos un fondo de libros digitalizados que usted puede personalizar en tiradas de al menos cinco ejemplares. Estas personalizaciones pueden ser de todo tipo: añadir notas de clase para uso de un grupo de estudiantes, introducir logos corporativos para uso con fines de marketing empresarial, etc. etc.

2. Buscamos libros descatalogados de otras editoriales y los reeditamos en tiradas cortas a petición de un cliente.

www.ingramcontent.com/pod-product-compliance
Lightning Source LLC
Chambersburg PA
CBHW022123040426
42450CB00006B/828